# BEI GRIN MACHT SICH IHR WISSEN BEZAHLT

# Entwicklung von Gruppenprozessen im Hort

GRIN ☺

**Bibliografische Information der Deutschen Nationalbibliothek:**

Die Deutsche Nationalbibliothek verzeichnet diese Publikation in der Deutschen Nationalbibliografie; detaillierte bibliografische Daten sind im Internet über http://dnb.d-nb.de abrufbar.

ISBN: 9783346760951
Dieses Buch ist auch als E-Book erhältlich.

© GRIN Publishing GmbH
Nymphenburger Straße 86
80636 München

Druck und Bindung: Books on Demand GmbH, Norderstedt Germany
Gedruckt auf säurefreiem Papier aus verantwortungsvollen Quellen

Das vorliegende Werk wurde sorgfältig erarbeitet. Dennoch übernehmen Autoren und Verlag für die Richtigkeit von Angaben, Hinweisen, Links und Ratschlägen sowie eventuelle Druckfehler keine Haftung.

Das Buch bei GRIN: https://www.grin.com/document/1291844

**Schriftliche Facharbeit**


**„Entwicklung von Gruppenprozessen im Hort"**


Vorgelegt am

30.11.2021

# Inhat

Einleitung ........................................................................................................................... 1

1. Definition grundlegender Begriffe zum Thema der Arbeit ........................................ 2

2. Die Grundhaltung der pädagogischen Fachkräfte................................................... 2

3. Gruppe ...................................................................................................................... 4

   3.1 Gruppenformen die in der Primarstufe eine Rolle spielen ................................. 4

   3.2 Gruppenmitglieder und deren Rollen ................................................................. 7

   3.3 Phasen der Gruppenentwicklung........................................................................ 8

   3.4 Die Gruppendynamik einer Gruppe................................................................. 10

4. Konflikte in der Gruppe.......................................................................................... 12

   4.1 Konfliktentstehung............................................................................................ 12

   4.2 Konfliktarten ..................................................................................................... 13

   4.3 Konfliktverlauf nach dem Modell von Friedrich Glasl ...................................... 14

   4.4 Konfliktlösefähigkeit mit der Unterstützung der pädagogischen Fachkraft fördern ....... 16

5. Gruppenstrukturen ................................................................................................. 17

   5.1 Normen, Werte und Regeln in einer Gruppe.................................................... 17

   5.2 Praktische Umsetzung im Alltag der Kinder .................................................... 20

Fazit .............................................................................................................................. 21

Literaturverzeichnis...................................................................................................... 23

Anhang: ........................................................................................................................ 25

Thesen.......................................................................................................................... 32

# Einleitung

„In einer echten Gemeinschaft wird aus vielen Ich ein Wir"[1] – Erwin Ringel

Für viele Kinder ist es nahezu alltäglich, sich in Gruppen zu bewegen. Aber was geschieht, wenn aus ganz vielen verschiedenen Kindern eine neue Gruppe im Hort wird und welche Rolle spielt dabei die pädagogische Fachkraft?

Die folgende Arbeit beschäftigt sich mit dem Thema Entwicklung von Gruppenprozessen im Hort. Unter der zentralen Fragestellung: Wie begleite und unterstütze ich als pädagogische Fachkraft die Entwicklung der Gruppenprozesse meiner Hortgruppe? Im Rahmen ihrer beruflichen Tätigkeit müssen Erzieher/innen, die im Hort wirken, häufig mit Gruppen arbeiten. Um die Gruppen und die daraus folgenden gruppendynamischen Prozesse sowie Konflikte und Gruppenphasen zu begleiten, ist es notwendig umfangreiches und fundiertes Wissen über den Verlauf einer Gruppe und deren Entwicklung zu besitzen. Meine Themenwahl entstand durch mein Praktikum im Bereich der Kinder – und Jugendhilfe. Durch Beobachtungen kamen bei mir Fragen auf zum alltäglichen Gruppengeschehen und dem Prozess einer Gruppe. Außerdem fand ich die pädagogische Arbeit meiner Mentorin mit der Gruppe beachtenswert, weshalb ich dieses Thema wählte und untersuchen wollte.

Das Ziel der Arbeit ist es, die Begleitung der pädagogischen Fachkraft während der Gruppenprozesse einer Gruppe im Hort theoretisch sowie praxisnah zu untermauern. Dazu werden verschiedene Themen, die zum Gruppenprozess und der Gruppenentwicklung beitragen, beispielhaft durch aktuelle Literatur untersucht und mit praxisnaher Umsetzung bestärkt.

Im ersten Teil der Arbeit werden grundlegende Begriffe zum Verständnis des Themas definiert. Danach geht es in Kapitel 2 um die Grundhaltung der pädagogischen Fachkraft während der Arbeit mit Gruppen. In Kapitel 3 folgt das umfassende Thema Gruppe. Mit den dazugehörigen Unterpunkten Gruppenarten in der Primarstufe, Gruppenmitglieder, Phasen der Gruppenentwicklung und Gruppendynamik. Diese Unterpunkte werden theoretisch und teils praktisch erläutert. In Kapitel 4 wird das Thema Konflikte in Gruppen untersucht. Hier werden Konfliktarten, Konfliktentstehungen und der Konfliktverlauf nach dem Modell von Friedrich Glasl in einer Gruppe betrachtet. Anschließend wird die Konfliktlösefähigkeit mit Unterstützung der pädagogischen Fachkraft beleuchtet. In Kapitel 5 werden die Normen, Werte und Regeln einer Gruppe theoretisch sowie praktisch dargelegt.

Die Arbeit endet mit einem Fazit.

---

[1] Vgl. Wissen ist Macht TV (2014): Tagesinspiration Nr.108: Prof. Dr. Erwin Ringel – In einer echten Gemeinschaft wird aus...

## 1. Definition grundlegender Begriffe zum Thema der Arbeit

Um der vorliegenden Arbeit mehr Verständnis zu verleihen, werden grundlegende Fachbegriffe definiert. Zu Anfang werden die Begriffe „Gruppe" und „soziale Gruppe" erklärt.

„Eine Gruppe bezeichnet eine Ansammlung von mehr als zwei Personen, die durch gleiche oder ähnliche Merkmale oder Interessen zueinanderstehen."[2] Um meine vorliegende Arbeit noch genauer abzugrenzen, werde ich zur Vertiefung des Themas noch den Begriff „soziale Gruppe" definieren.

„In einer sozialen Gruppe interagieren und kommunizieren die Gruppenmitglieder über längere Zeit kontinuierlich und beeinflussen sich gegenseitig. Zu einer Gruppe gehört man, wenn man sich ihr zu gehörig fühlt und diese Zugehörigkeit von den anderen Gruppenmitgliedern bestätigt wird. Darüber hinaus eint eine Gruppe ein gemeinsames Ziel, zu dessen Erreichung sich ein System gemeinsamer Normen entwickelt und Aufgaben auf die Gruppenmitglieder verteilt werden."[3]

Der Begriff Gruppendynamik wird in vielen Literaturen erläutert. Um eine Eingrenzung für mein Thema zu schaffen, habe ich mir folgende Definitionen entnommen: „Gruppendynamik bezeichnet die Gesamtheit aller Interaktionen zwischen den Gruppenmitgliedern."[4] „Zudem ist eine Gruppendynamik eine Methode, welche Gruppenprozesse gezielt beeinflusst. Damit soll den Gruppenmitgliedern ihr eigenes Verhalten transparent gemacht werden und die Fähigkeit zur Selbstreflektion stärken."[5]

## 2. Die Grundhaltung der pädagogischen Fachkräfte

„In dir muss brennen, was du in anderen entzünden willst"[6]

Als pädagogische Grundhaltung eines Erziehers oder einer Erzieherin beschreibt man den Umgang mit einzelnen Kindern und der gesamten Gruppe. Um eine Gruppe auf ihren Weg der Entwicklung zu begleiten und zu unterstützen sind wesentliche pädagogische Grundhaltungswerte wie Akzeptanz, Empathie, Motivation, Kongruenz, Regeln und Strukturen bedeutend. Diese Grundhaltungen verkörpert die pädagogische Fachkraft im Alltag gegenüber den Kindern, die zur Förderung der Gruppenentwicklung beitragen.

Akzeptanz ist ein wichtiger Baustein für die pädagogische Arbeit der Fachkräfte und für die Gruppe. Sie dient dazu, alle Kinder in ihrem individuellen Dasein zu akzeptieren und den Gruppenmitgliedern diese Einstellung bedeutend nahezubringen. So entsteht in der Gruppe

---

[2] Vgl. Erzieherinnen + Erzieher 2020, S.231
[3] Vgl. Erzieherinnen + Erzieher 2020, S.231
[4] Vgl. Der Leiter und die Gruppe – die Entwicklung der Gruppenphasen 2012, S. 1
[5] Vgl. Der Leiter und die Gruppe – die Entwicklung der Gruppenphasen 2012, S. 1
[6] Vgl. Aus einem Spruchkalender, Autor: Augustinus Aurelius, Quelle: Unbekannt

ein allgemeines Wohlgefühl und trägt dazu bei, dass die Kinder der Gruppe gerne angehören. Die pädagogische Fachkraft sollte dabei kein Kind aufgrund seines nicht passenden Verhaltens anders behandeln oder ausschließen. Stattdessen sollte sie jedem Kind Wertschätzung entgegenbringen.

Empathie bedeutet, dass die pädagogische Fachkraft sich gezielt damit beschäftigt, auf die Bedürfnisse und Gefühle jedes einzelnen Gruppenmitgliedes zu schauen und einzugehen. Dies ist wichtig, weil die Kinder dabei lernen ihre eigenen Gefühle und Bedürfnisse zum Ausdruck zu bringen. Dieses Handeln der pädagogischen Fachkraft ist essenziell wichtig für die Entwicklung der Gruppe. Denn, haben die Kinder gelernt ihre Gefühle zum Ausdruck zu bringen, können Konflikte sowie Probleme besser geklärt werden.

Ein wesentlicher Bestandteil ist auch die Motivation. Die Motivation sollte auf die Aktivitäten und Angebote abgestimmt sein. Dabei sollte die pädagogische Fachkraft die Kinder während der Aktivitäten oder Angeboten motivieren etwas Neues zu versuchen und auch nach einem Misserfolg es noch einmal zu probieren, um neue Impulse für die Förderung und Forderung in einzelnen Entwicklungsbereichen zu setzen.

Außerdem wichtig ist die Kongruenz gegenüber den Kindern. Dabei sollte die pädagogische Fachkraft zu den Kindern ehrlich sein, ihre Gefühle zum Ausdruck bringen sowie den Kindern gegenüber respektvoll und aufrichtig handeln. Die Grundhaltung wird durch Unehrlichkeit verfälscht. Bekommen die Kinder ein Gefühl dafür, so vertrauen sie der Fachkraft nicht mehr. Damit ist es unmöglich eine Bindung aufzubauen, welche die Grundlage für die Pädagogik ist. Herrscht zwischen den Gruppenmitgliedern und der Gruppenleitung kein Vertrauen, ist es unmöglich gemeinsam ein Wir-Gefühl in der Gruppe zu schaffen.

Der letzte wichtige Punkt sind die Regeln und Strukturen. Diese geben den Kindern Sicherheit, eine feste Ordnung und ein Gefühl von Gemeinsamkeit. Die pädagogische Fachkraft ist verantwortlich dafür, die Regeln und Strukturen partizipativ mit den Kindern aufzustellen, sich selbst daran zu beteiligen und sich daran zu halten. Ohne Strukturen und Regeln kann eine Gruppe nicht bestehen und funktionieren. Die Fachkraft sollte dabei darauf achten, genau den Regeln nachzugehen, die in der Gruppe herrschen.[7] Die Kinder neigen zu Nachahmung, so gilt, im Alltag der Kinder beispielhaft vorzugehen. Da sich die Kinder an der pädagogischen Fachkraft orientieren und diese als Vorbild angesehen wird, ist stets darauf zu achten, die aufgestellten Regeln und Strukturen ebenso einzuhalten wie die Kinder selbst, um das gemeinsame Gruppenleben fair und kooperativ zu gestalten.

---

[7] Vgl. Kita de. (2021) – Pädagogische Grundhaltungen von Erzieherinnen: Tipps und Erklärungen

In Bezug auf das Zitat: Um die Grundhaltung den Kindern nah zu bringen, damit sie diese selbst verkörpern muss ich als pädagogische Fachkraft mit den Grundhaltungswerten stimmig sein und diese zu 100% in mir tragen und im Alltag ausleben.

## 3. Gruppe

### 3.1 Gruppenformen die in der Primarstufe eine Rolle spielen

Im Verlauf einer Gruppe, findet jedes Gruppenmitglied seine eigene Funktion. Alle Gruppenmitglieder nehmen ihre Funktion in der Gruppe aktiv wahr und führen diese hinnehmend durch.[8] Durch das unbewusste Einnehmen der Funktionen von jedem einzelnen Gruppenmitglied ergeben sich viele verschiedene charakteristische Gruppenarten.[9]

Diese Gruppenformen spielen in der Primarstufe für jedes einzelne Gruppenmitglied von Anfang an eine große Rolle. Denn die Kinder fördern dadurch ihre eigene soziale Identität, Autorität und erlernen durch den Einfluss von anderen Gruppenmitgliedern das Ziel der Gruppe gemeinsam zu erreichen. Im letzten Jahr machte ich ein Praktikum im Hort und besuchte da eine 1. Klasse. Die einzelnen Gruppenformen fanden sich sehr schnell und ich konnte gut beobachten, wie sie zusammen durch Kommunikation und Methoden ihr gemeinsamen Ziele verfolgten und erreichten. Eine Mädchengruppe erstrebte dauerhaft das Ziel, gemeinschaftlich in der Bastelecke sein zu können. Sie gingen immer offen auf andere Kinder der Gruppe zu und kommunizierten mit ihnen über die Nutzung der Bastelecke. Sie fanden meist alle eine Lösung, um die Bastelecke gemeinschaftlich nutzen zu können.

Wichtig ist es als Erzieher/in im Hort, das Wissen zu haben, welche Gruppenformen in der Primarstufe eine Rolle spielen, wie ich sie erkenne und wie ich sie als pädagogische Fachkraft unterstütze. Ganz schlicht und trotzdem wichtig ist die Sekundärgruppe. Diese Gruppe tritt erst zeitlich später im Leben der Kinder auf und dabei ist meist die Schulklasse die erste Sekundärgruppe. Dabei sind Merkmale wie geringer oder indirekter Kontakt und große Anzahl von Gruppenmitgliedern ausschlaggebend. Diese Gruppenform weist ein Zielorientiertes Handel vor. In der Primarstufe wäre das zum Beispiel der gemeinsame Abschluss der 4. Klasse. Sekundärgruppen haben eine Struktur und eine Leitung, die die Regeln überwacht. [10]
[11]Das ist besonders wichtig beim Übergang vom Kindergarten in den Hort. Denn die Kinder erlernen mit Hilfe der Gruppe und der Leitung selbstständig zu Arbeiten und sich ihren Alltag zu strukturieren. In meinem Hortpraktikum durfte ich die Kinder auch während der Hausaufgabenzeit betreuen. Für viele Kinder war es anfangs anstrengend. Bei einer Stunde Hausaufgabenzeit am Nachmittag war es für die Kinder schwierig sich selbst in der Zeit zu

---

[8] Vgl. Erziehrinnen + Erzieher (2020), S.231
[9] Ebd.
[10] Vgl. Gruppenpädagogik. Eine Zusammenfassung 2016, S. 3
[11] Vgl. Erzieherinnen + Erzieher (2020), S. 231

strukturieren. Mit der Hilfe der gesamten Gruppe, erarbeiteten wir einen Zeitplan. Für viele Kinder war es verständlicher nach diesem Zeitplan zu arbeiten und sie organisierten sich nach einiger Zeit immer selbstständiger. Bei diesem Zeitplan spielte auch die Gruppe eine Rolle. Oftmals halfen sich Kinder untereinander die direkt nur in der Sekundärgruppe einen Bezug zueinander hatten.

Eine zentrale Gruppenform, die eine große Rolle spielt, ist die „formelle Gruppe". Die formelle Gruppenform entsteht in der Primarstufe automatisch und besteht für jedes Gruppenmitglied bis hin zur Trennung der Gruppe. Von der ersten Klasse an bis hin zur vierten Klasse ist die Gruppe eine formelle Gruppe. Eine formelle Gruppe ist immer gekennzeichnet durch die Verfolgung gemeinsamer Ziele und Normen, Mitglieder übernehmen eine Funktion, sie ist zweckbewusst aufgebaut und sie wird von einer Führungskraft geleitet. [12] Die einzelnen Gruppenmitglieder haben keine Wirkung auf die Zusammensetzung der Gruppe. Die pädagogische Fachkraft sollte von Anfang an darauf achten, dass alle Gruppenmitglieder ihre eigene Funktion finden und die Gruppe gemeinsam eine Gruppenstruktur entwickelt. So wird die unausweichliche Gruppenform angenehmer für die Gruppenmitglieder.

Eine bedeutende Rolle spielt auch die Eigengruppe, welche es intern in einer Sekundär – und formellen Gruppe immer geben wird. Die Merkmale so einer Gruppe sind Vertrautheit, Sympathie, das Wir – Gefühl und Kooperation zwischen Gruppenmitgliedern. Die Gruppenmitglieder fühlen sich zugehörig und wiedererkennen sich in der Gruppe.[13] Dabei sind Eigengruppen für jedes Gruppenmitglied einer neuen Gruppe in der Primarstufe wichtig. Denn die Gruppenmitglieder können selbst entscheiden, in welcher Gruppe sie agieren wollen und in welcher nicht. Dadurch entscheiden sich die Kinder für Gruppen, die ihre Bedürfnisse erfüllen. Durch die Erfüllung der Bedürfnisse fühlen sich die Kinder in ihren neuen kleinen Eigengruppen sowie in der großen Gruppe wohler und die Eingewöhnung in die neuen Gruppen fällt den Kindern leichter. Außerdem wird die soziale Identität der Kinder gefördert, welche Kinder brauchen, um sich in diesen Gruppen zu bewegen. Schon die Theorie der sozialen Identität nach Taifel und Turner besagte, dass wir sie benötigen, um uns in Gruppen zu identifizieren und sie durch Gruppen gewinnen.[14]

Die Begleitung dieser Gruppenformen übernimmt die pädagogische Fachkraft. Hierfür muss sie nicht nur die ganze Gruppe beobachten, sondern auch auf die Entwicklung und Bedürfnisse jedes Kindes eingehen. Als Erzieher/in sorgt man dabei innerhalb der Gruppe für Annäherung, Kooperation und Interaktion. Um diese 3 Ebenen umzusetzen, sollte man in der Praxis

---

[12] Vgl. Gruppenpädagogik. Eine Zusammenfassung 2016, S.3
[13] Ebd.
[14] Vgl. Spektrum.de (2000): Soziale Identität

vielfältige Methoden nutzen. Da sich meine Facharbeit mit der Primarstufe beschäftigt, habe ich die vorgestellten Methoden auf die Alterspanne 6. bis 10. Lebensjahr angepasst.

Eine Methode für die Annäherung der Gruppenmitglieder innerhalb der verschiedene Gruppenarten wäre das „Wollknäulnetz". Die Gruppenmitglieder lernen sich dadurch besser kennen. Ein Gruppenmitglied fängt an und nennt seinen Namen. Er behält dabei ein Stück des Wollknäuels in der Hand und fragt einen anderen Teilnehmer wie sein Name ist. Das Wollknäuel wirft man so lange hin und her, bis alle Teilnehmer ihren Namen genannt haben. Nun geht der Wollknäul zurück, mit einer interessanten Frage. Das Spiel endet, wenn das Wollknäul wieder bei dem ersten Spieler ist. Diese Methode gestaltet die Annäherung der Gruppenmitglieder einfacher. Denn dabei lernen sich alle Gruppenmitglieder auf eine aktive Art und Weise kennen. Da bei vielen Mitgliedern einer neuen Gruppe anfangs Berührungsängste auftreten, ist dies eine gute Methode durch kreativen Einsatz die Hemmungen zu reduzieren.[15] Mit diesem Spiel gestaltete ich mir selbst den Einstieg in eine formelle Gruppe in meinem letzten Praktikum. Für die Kinder und mich war es eine lustige Methode, um den Kontakt untereinander zu fördern und aufzunehmen. Durch diese Methode entstanden am Ende viele kleine Gespräche mit einzelnen Kindern der Gruppe.

Eine weitere Methode für die Kooperation in den Gruppenformen ist das Spiel „Spinnennetz". Das Ziel der Kooperation in den Gruppenarten ist es, die Lösungsstrategie und die Zusammenarbeit der einzelnen Gruppenmitglieder und der gesamten Gruppe zu fördern. Für dieses Spiel bereitet der Erzieher oder die Erzieherin zwischen zwei Bäumen ein Spinnennetz vor. Die Aufgabe der Gruppe ist es nun alle Teilnehmer auf die andere Seite zu bringen. Das Netz darf dabei nicht berührt werden. Hierfür muss die Gruppe gemeinsam eine Strategie finden, um als Gruppe das Ziel zu erreichen und das Problem zu lösen. Somit ist die Kooperation aller Gruppenmitglieder gefragt.

Um die Interaktion in den Gruppen zu fördern sind die verschiedensten Methoden der Partizipation eine gute Möglichkeit. Das Mitmachen und Gestalten steigert die Interaktion der Gruppenmitglieder enorm. Eine Methode dazu wäre das „Ideenkarusell". Diese Methode eignet sich gut für die gesamte Gruppe. Hier können sich alle Gruppenmitglieder beispielsweise an der Planung eines Angebotes beteiligen. Es wird ein großes Thema für das Angebot beschlossen. Nun wird dieses Thema in kleine einzelne Teilbereiche eingeteilt. Jedes Gruppenmitglied sammelt Ideen zu den einzelnen Teilbereichen. Daraufhin wechseln

---

[15] Vgl. Mittelhof (2015): Lebendige Gruppenarbeit durch kreative Methoden

die Teilnehmer die Bereiche und ergänzen sich untereinander. Danach werten die Gruppen ihre Ideensammlung aus und schätzen die Verwendbarkeit für die Aktivität ab.[16]

## 3.2 Gruppenmitglieder und deren Rollen

Jede Gruppe besteht aus mehreren Gruppenmitgliedern und jedes dieser Gruppenmitglieder nimmt innerhalb der Gruppe eine Rolle ein. Mit dieser Rolle beeinflussen die Mitglieder der Gruppe das sachliche und beziehungsmäßige Gruppengeschehen. Die Gruppenmitglieder unterscheiden sich durch ihre Interessen, Bedürfnisse, Eigenschaften, Erfahrungen und Fähigkeiten. Das beeinflusst auch die Rolle eines Mitgliedes innerhalb der Gruppe. Die einzelnen Rollen können von den anderen Gruppenmitgliedern wahrgenommen werden oder selbst bewusst eingenommen werden.[17] Die Rolleneinnahme der Mitglieder ist für die gesamte Gruppe und für die einzelnen Mitglieder wichtig. Denn die gewählte Rolle verleiht jedem einzelnen seine eigene persönliche Identität. Des Weiteren wird die Gruppe gestärkt und das sorgt für Stabilität innerhalb des Gruppengeschehens und gibt den Kindern Sicherheit. Beispielsweise können durch die verschiedenen Rollen und deren Charakteren „Lücken" in der Gruppe geschlossen werden. Sprich Rollen mit einem starken Charakter können für die Rollen wie „Außenseiter" oder „Mitläufer", mit einem schwächeren Charakter eine helfende Hand sein.

Rollen entstehen während den Gruppenprozessen und können sich im Verlauf der Zeit ändern. Sie können also auch zeitlich begrenzt sein. Um eine Gruppe erfolgreich zu gestalten brauch es ein Zusammenspiel der verschiedenen Rollen einer Gruppe.[18] Eine Gruppe wird beispielsweise geprägt durch die Rollen: „der Chef", „der Mitläufer", „der Fachmann", „der Außenseiter", „der Clown" und „der Sündenbock".[19] „Der Chef" will immer im Mittelpunkt stehen und mit seinem Wirken etwas in der Gruppe bewirken. Er will sich für die Gruppe dauerhaft einsetzen und hilft der Gruppenleitung überall. „Der Mitläufer" kann nichts allein entscheiden und strebt nach der Meinung anderer. Wenn er im Gruppengeschehen wirkt, dann führt er alle Aktionen durch, welche die anderen Kinder machen. „Der Fachmann" schließt sich gerne dem Chef an und hat für alles immer einen Vorschlag und eine passende Idee. Er plant alles bis ins kleinste Detail aus und macht dies mit Leidenschaft. „Der Außenseiter" findet keinen richtigen Anschluss in der Gruppe und hat nur flüchtig Kontakt zu Gruppenmitgliedern. Er bestrebt die Kontaktaufnahme zu den Kindern nur teilweise. Der „Clown" steht sehr gerne im Mittelpunkt und hat nur Faxen im Kopf. Er ist selten beim eigentlichen Thema und ist durch seine Witze eine beliebte Rolle in der Gruppe. Der „Sündenbock" ist für die anderen

---

[16] Vgl. BBS EHS Trier (2018): Methodenpool 55 Beispielmethoden mit Kurzerläuterung für unterschiedliche Bildungs – und Erziehungsbereiche in sozialpädagogischen Einrichtungen

[17] Vgl. Gruppenpädagogik. Eine Zusammenfassung 2016, S. 6

[18] Vgl. KJG Kurspaket (2019/2020): Gruppendynamik.

[19] Vgl. Super Sozi (2021): Gruppen – und Gruppenphasen.

Gruppenmitglieder immer die Rolle, die bei Konflikten für den Schuldigen gesehen wird. Häufig wird der Sündenbock dabei für etwas verantwortlich gemacht, wofür er nichts kann.

Durch die Entwicklung der Rollen können die Kinder im Schulalter ihre Eigenschaften erkennen und genau so sehen, was sie sich zutrauen oder nicht. Durch die verschiedenen Rollen in einer Gruppe bedarf es von Anfang an die Erfüllung von einigen Aufgaben der pädagogischen Fachkraft. Die pädagogische Fachkraft ist dafür zuständig, sich selbst zu reflektieren denn, durch die Selbstreflexion gibt es der Fachkraft einen Rahmen, die Kinder nicht auf bestimmte Rollen festzulegen. Außerdem sollten die Gruppenleitung und die Gruppenmitglieder die Gruppensituation ständig selbst reflektieren. Das gibt der pädagogischen Fachkraft die Möglichkeit die Rollenverteilung innerhalb der Gruppe zu beeinflussen und Kinder vor der Ausgrenzung zu schützen. Eine weitere Möglichkeit wäre, dass die Gruppenleitung für ein soziales Klima sorgt. Dadurch wird das Zusammengehörigkeitsgefühl der Gruppe gestärkt.[20] Dies ist zum Beispiel möglich durch die Methoden der Kinderkonferenz. Die Kinder könne so ihre Sorgen, Ängste und Wünsche gegenüber der Gruppe äußern, außerdem dient diese Methode als eine gute Reflektion für die gesamte Gruppe.

### 3.3 Phasen der Gruppenentwicklung

Alle Gruppen durchlaufen verschiedene Phasen in ihrer gemeinsamen Zeit. Diese Phasen sind stets gleich, jedoch benötigt jede Gruppe unterschiedlich Zeit. Wichtig ist es dabei zu wissen, dass sich die Gruppen innerhalb der Phasen zurückentwickeln können und jede Gruppe bei der neuen Zusammenfindung anders aufeinander reagieren kann und das den anstehenden Gruppenprozess erleichtern oder erschweren kann. Gerade nach dem Übergang von Kita zu Schule ist es für die Kinder schwierig. Oft kommen die Kinder aus kleinen Kitagruppen und sind große Gruppen, wie zum Beispiel eine Schulklasse, nicht gewohnt. Außerdem kennen sich einige Kinder schon aus der Kita, was es für Neulinge bei der Einbringung in die Gruppenphasen schwer machen kann. Einem Kind aus meiner Praktikumszeit fiel es unheimlich schwer sich in die Gruppe zu integrieren und musste in der ersten Phase der Gruppenbildung mehrfach von der Erzieherin abgeholt werden, um es mit in die Gruppe einzubinden. Es benötigt eine Menge Ausdauer der pädagogischen Fachkraft und fundiertes theoretisches sowie praxisnahes Wissen über die Gruppenphasen und die Begleitung dieser. Dazu möchte ich die Gruppenphasen nach Bernstein und Lowy genauer betrachten. Mit den dazugehörigen Gefühlen der Kinder und die Aufgaben der pädagogischen Fachkraft nennen.

Die erste Phase nennt sich „Orientierungsphase". In dieser Phase lernen sich die Gruppenmitglieder kennen. Sie ist gekennzeichnet durch Angst und Unsicherheiten. Die

---

[20] Vgl. Gruppenpädagogik. Eine Zusammenfassung, S. 6

Gruppenmitglieder achten sehr auf ihr Verhalten und bringen ihre Wünsche und Bedürfnisse selten zum Ausdruck. Die Gefühle des einzelnen können sehr unterschiedlich sein. Manche sind sehr euphorisch und andere gehemmter. Es gibt noch keine geklärten Normen, Werte und Rollen der Gruppe. Dadurch herrscht wenig Vertrauen unter den Gruppenmitgliedern und es werden selten Bindungen eingegangen.[21] Für die pädagogische Fachkraft bedeutet dies, eine angenehme Atmosphäre zu schaffen, bei der sich die Gruppenmitglieder willkommen fühlen. Sie sollte die Gruppe regelmäßig beobachten und ihnen Freiraum schaffen. Vor allem sollten sie darauf achten, dass kein Einzelner ausgeschlossen wird und die eigene persönliche Distanz jedes Einzelnen zu berücksichtigen.[22]

Die zweite Phase nach Bernstein und Lowy nennt sich „Machtkampfphase". In dieser Phase sind Rangkämpfe an der Tagesordnung. Den Gruppenmitgliedern geht es um Macht und ihre Rolle in der Gruppe. Es herrschen Unruhen und Spannungen innerhalb der Gruppe. Es kann zu Ausschluss anderer kommen. Die Phase ist gekennzeichnet durch erhöhtes Aggressionspotenzial.[23] Die pädagogische Fachkraft sollte dabei die Aggressionen – und Machtkämpfe versuchen zu klären und diese kontrolliert ablaufen lassen. Es ist auch wichtig, dass sie neutral gegenüber allen bleibt, ausgeschlossene integriert und im Regelfall nicht bei jedem Konflikt eingreift. Somit lernt die Gruppe Konflikte selbstständig zu lösen.[24]

Die dritte Phase ist die „Vertrautheitsphase", in welcher die Rollenverteilung abgeschlossen ist und die Konflikte abnehmen. Somit festigt sich die Gruppenstruktur und es tritt das Wir-Gefühl in der Gruppe ein. Die Gruppenmitglieder fühlen sich wohl und identifizieren sich mit ihrer Gruppe.[25] In dieser Phase sollte die pädagogische Fachkraft der Gruppe mehr Eigenverantwortung übertragen und sich in den Hintergrund stellen. Außerdem steht sie als Unterstützung für die weitere Stärkung des Wir-Gefühls bereit. Falls es doch zu starken Konflikten kommen sollte, ist sie dafür da, zwischen den einzelnen Gruppenmitgliedern zu vermitteln.[26]

Die vorletzte Phase, die „Zusammenarbeit – und Differenzierungsphase", wird bestimmt durch die Stabilität der Gruppe. Demzufolge wächst auch das Wir-Gefühl und die Individualität jedes Gruppenmitgliedes wird geduldet. Durch das positive Gruppenklima können Stärken bestmöglich genutzt werden. Konflikte und Entscheidungen, die anstehen, werden neutral in

[21] Vgl. Erzieherkanal – Wissen, Theorie & Infos: Die Gruppenphasen nach Bernstein & Lowy (+ Handlungsmöglichkeiten) | ERZIEHERKANAL
[22] Vgl. Gruppenpädagogik. Eine Zusammenfassung 2016, S. 8
[23] Vgl. Erzieherkanal – Wissen, Theorie & Infos: Die Gruppenphasen nach Bernstein & Lowy (+ Handlungsmöglichkeiten) | ERZIEHERKANAL
[24] Vgl. Gruppenpädagogik. Eine Zusammenfassung 2016, S. 10
[25] Vgl. Erzieherkanal – Wissen, Theorie & Infos: Die Gruppenphasen nach Bernstein & Lowy (+ Handlungsmöglichkeiten) | ERZIEHERKANAL
[26] Vgl. Gruppenpädagogik. Eine Zusammenfassung 2016, S. 10

der Gruppe gelöst.[27] Auch in dieser Phase zieht sich die pädagogische Fachkraft weiter zurück und schenkt der Gruppe Vertrauen. Sie achtet sehr auf die Kompetenzen der Gruppenmitglieder und bestärkt diese durch Lob und Anerkennung. Sie sollte weiterhin für Impulse und Anregungen sorgen und eventuell zu anderen Gruppen den Kontakt aufnehmen.[28]

In der letzten Phase, die „Abschluss – und Trennungsphase" ist das Gruppenziel erreicht. Im Hort, zum Beispiel, den Abschluss der 4. Klasse. Eine weitere Möglichkeit wäre die Änderung der Interessen. Das kann dazu führen, dass einzelne Gruppenmitglieder anfangen zu klammern und die Gruppenphasen beginnen erneut. Die Gruppenmitglieder sind meist aufgeregt und denken über den nächsten Schritt in ihrem Leben nach. Anderen fällt es auch schwer sich von der Gruppe zu trennen.[29] In diesem Fall sollte die pädagogische Fachkraft gegenüber der Trennung offen sein und mit der Gruppe ehrlich darüber reden. Für einen positiven Abschluss sollten alle gemeinsam auf die Gruppenzeit zurückblicken und eventuell ein Treffen planen.[30]

### 3.4 Die Gruppendynamik einer Gruppe

Wie schon definiert, spricht man bei einer Gruppendynamik von allen Interaktionen der gesamten Gruppe. Dazu zählen die Interaktionen der gesamten Gruppe und zwischen einzelnen Gruppenmitglieder. Gruppendynamik lässt sich nicht verhindern und die Entwicklung der Dynamik in der Gruppe ist nicht planbar. Die Interaktion der Gruppendynamik entsteht durch die Bildung einer Gruppe. Dazu gehören Sympathie, Antipathie, Integration, unterschiedliche Erwartungen, welche sichtbar und unsichtbar sind, Konflikte und Spannungen sowie Themen, die geregelt werden müssen.

Um Gruppendynamik zu verstehen, ist das „Joharin – Fenster" aus dem Jahr 1955 von Joseph Luft und Harry Ingham hilfreich. Es dient dazu, der pädagogischen Fachkraft sichtbar zu machen, wie differenziert die Selbst – und Fremdwahrnehmung der Gruppen bzw. Gruppenmitglieder ist. Das „Joharin – Fenster" ist in 4 Felder unterteilt. Dabei ist das erste Feld das „öffentliche Feld". In diesem Feld zeigt jedes Gruppenmitglied bewusst das, was es anderen mitteilen will. Das zweite Feld, das „geheime Feld" bezieht alle Informationen, welche die Gruppenmitglieder bewusst verschweigen wollen. Das dritte Feld ist das „blinde Feld" hier werden die Informationen unbewusst vom Empfänger gesendet und vom Sender aber nicht wahrgenommen. Das letzte Feld „das unbekannte Feld", beschreibt Informationen, die sowohl

---

[27] Vgl. Erzieherkanal – Wissen, Theorie & Infos: Die Gruppenphasen nach Bernstein & Lowy (+ Handlungsmöglichkeiten) | ERZIEHERKANAL
[28] Vgl. Gruppenpädagogik. Eine Zusammenfassung 2016, S. 1
[29] Vgl. Erzieherkanal – Wissen, Theorie & Infos: Die Gruppenphasen nach Bernstein & Lowy (+ Handlungsmöglichkeiten) | ERZIEHERKANAL
[30] Vgl. Gruppenpädagogik eine Zusammenfassung 2016, S. 11 – 12

die Person als auch anderen unbekannt ist. Allgemein kann man also sagen, dass sich dieses Modell am Eisbergmodell von Sigmund Freud orientiert. Da bei dem Eisbergmodell ebenfalls einiges sichtbar war und vieles aber unsichtbar. Die Aufgabe der pädagogischen Fachkraft ist es nun, die unsichtbaren Felder so positiv wie möglich zu gestalten. Da viele Verhaltensweisen und Gefühlsreaktionen der Kinder unsichtbar sind oder bleiben, sind die unsichtbaren Felder dominierend. Das damit verknüpfte Ziel der pädagogischen Fachkraft sollte es sein, den Umgang mit diesen unsichtbaren und dennoch dominierenden Gefühlen zu regeln. [31] Dieses Ziel kann beispielsweise durch die Methode der Reflexion mit den Kindern erreicht werden. Die Kinder bekommen durch diese Methode ein Gefühl für die anderen Gruppenmitglieder und deren Reaktionen und Emotionen bei verschiedenen Handlungen.

Eine weitere Möglichkeit, die Gruppendynamik zu lenken und als pädagogische Fachkraft zu verstehen ist die Unterscheidung von drei Dimensionen. Diese drei nennen sich Zugehörigkeit, Macht und Einfluss sowie Intimität. Mit diesen drei Dimensionen sind notwendige Aufgaben verbunden, auf welche die Gruppe eine Antwort finden muss. Die erste Dimension „Zugehörigkeit" beschreibt die Abgrenzung von Drinnen und Draußen. Dabei muss in jeder Gruppe geklärt werden, wer dazu gehört und wer nicht. Die Gruppe muss sich die Frage stellen, wer steht am Rand und wer steht mit im Zentrum. Diese Frage ist wichtig für die Gruppe, denn ohne diese Ausgrenzung kann eine Gruppe nicht bestehen. Die zweite Dimension „Macht und Einfluss" äußert das Bedürfnis, welches die Gruppenmitglieder in ihren eignen Lebensräumen mitbestimmen dürfen. Damit die Ziele einer Gruppe erreicht werden können, stellt der Umgang mit Macht und Einfluss eine existenzielle Aufgabe dar. Dabei ist es zum Beispiel wichtig, dass die Gruppenmitglieder bei Konkurrenz, um beispielsweise Ideen/Vorschläge oder Lösungen für etwas zu finden, Kompromisse eingehen. Diese Kompromisse bzw. Lösungen finden auf zwei Ebenen statt. Die Gruppe entscheidet sich für den Kompromiss der Person, die am höchsten in der Hierarchie steht oder sie richten sie nach den Normen der Gruppe und lassen die Hierarchien außen vor. Die letzte Dimension „Intimität" beschreibt den unterschiedlichen Zustand zwischen den Mitgliedern und der Gruppe. Ob die Gruppenmitglieder sich kühl und distanziert verhalten oder ein nahes und inniges Verhalten haben, beschreibt den Zustand der Intimität in der Gruppe. Die Aufgabe der Gruppe ist es, dass das Bedürfnis „Nähe und Distanz" jedes einzelnen Gruppenmitgliedes zu unterschiedlichen Gruppenmitgliedern zu akzeptieren und dies in der Dynamik der Gruppe zu beachten. [32]

Anhand dieser Modelle kann die pädagogische Fachkraft durch Alltagsbeobachtungen und den daraus resultierenden Ergebnissen abschätzen, ob die Gruppe eine gesunde

---

[31] Vgl. Gruppenpädagogik. Eine Einführung (2018), S. 60 – 62
[32] Vgl. Einführung in die Gruppendynamik (2015), S. 34 – 39

Gruppendynamik hat und sich in der Bewältigung der Dimensionen befindet oder ob die Gruppe an einem Punkt stehen bleibt und nicht weiterkommt. Stellt die pädagogische Fachkraft fest, dass die Gruppe nicht weiterweiß, so kann sie praktisch Gruppendynamische Spiele anwenden, die der Gruppe verhelfen wieder auf den richtigen Weg zu kommen. Diese wären z. B. ein Geschicklichkeitsspiel zum sensitiven Erleben und das Spiel Körperkontakt zur Vertrauensbildung.[33]

Im Anhang erkläre ich Ihnen die Durchführung in der Praxis genauer.

Allgemein ist zu sagen, dass die pädagogische Fachkraft folgende Verhaltensweisen in ihren Alltag für eine positive Gruppendynamik einbauen sollte: Sie bleibt wertfrei, übernimmt für die Gruppenmitglieder die Verantwortung, sorgt dafür das alle an einer positiven Gruppendynamik interessiert sind und dazu beitragen und reflektiert das Geschehen regelmäßig mit Berücksichtigung auf alle Gruppenmitglieder.

## 4. Konflikte in der Gruppe

### 4.1 Konfliktentstehung

Konflikte kommen in jeder Gruppe vor und sind ein fester Bestandteil der Entwicklung der Gruppenprozesse. Der Begriff Konflikt geht auf den lat. Begriff „conflictus" zurück und bedeutet so viel wie Zusammenstoß und Kampf.[34]

Konflikte können zwischen einzelnen Personen der Gruppe oder in der gesamten Gruppe stattfinden. Dies nennt man interpersonellen Konflikt und dieser findet zwischen mindestens zwei Personen einer Gruppe statt. Genau so können einzelne Personen mit sich selbst innerhalb der Gruppe in einen Konflikt geraden. Dies nennt man dann interpersonellen Konflikt. Die Ursachen von einer Konfliktentstehung in einer Gruppe können unterschiedlich sein und entsteht auf fünf Ebenen. Auf der ersten Ebene sind die Ursache für einen Konflikt die „Ressourcen" jedes einzelnen Gruppenmitgliedes. Hierbei geht es um die ungleichmäßige Verteilung von Materialien, Raum, Zeit oder Nahrung. Die Mitglieder der Gruppe sind unterschiedlich aufgestellt durch ihre Elternhäuser. Zum Beispiel haben einige die neusten Kleidungsstücke und Spielsachen, wobei andere auf vieles verzichten müssen. Dadurch entstehen Konflikte durch z.B.: Neid. Auf der nächsten Ebene spielt die „Machtverteilung" als Ursache für einen Konflikt eine Rolle. Die Kinder sind bestrebt ihr Ansehen und ihren Rang beizubehalten. Dabei kommt es durch Konkurrenzdenken und Angriff der eignen Rolle in der Gruppe zu Konflikten. „Unterschiedliche Meinungen und Interessen" können zu Konflikten führen. Durch z.B.: unterschiedliche Ansichtsweisen bei Themen, Spielsituationen oder Ausflügen. Gerade bei Gruppen wie z.B.: einer ersten Klasse, welche neu aufgestellt wurde,

---

[33] Vgl. Gruppendynamische Spiele & Übungen (2009), S. 82 und 117
[34] Vgl. Simone Pfeffer (2019), S. 39

entsteht dieser Konflikt häufig, da es am Anfang schwierig ist für die Kinder, auf alle Meinungen und Interessen zu achten und dieses zu akzeptieren. Auf der nächsten Ebene spielen die „Bedürfnisse" der Gruppenmitglieder eine Rolle. Gerade in der Orientierungsphase der Gruppe prallen verschiedene Wünsche der einzelnen Gruppenmitglieder aufeinander. Die Kinder haben diese auf den unterschiedlichsten Bereichen und müssen lernen, wann sie ihre Bedürfnisse ausdrücken, ob dieses hier gerade Platz haben oder ob sie ihren Drang gerade hinten dran stellen müssen. Der darauffolgende Konflikt entsteht, weil die Gruppenmitglieder in der Orientierungsphase noch nicht aufeinander abgestimmt sind. Auf der letzten Ebene spielt die „Kommunikation" eine Rolle. Erwartungen, die ausgesprochen werden, welche aber nicht von den anderen Gruppenmitgliedern wahrgenommen werden/nicht erfüllt werden führen auch häufig zu Konflikten.[35]

## 4.2 Konfliktarten

Um als pädagogische Fachkraft die Konflikte einordnen zu können, ist es notwendig die verschiedenen Arten und deren Charakterisierung zu kennen. Die erste Art eines Konfliktes nennt sich „Sachkonflikt." Bei diesem Konflikt geht es innerhalb der Gruppe meist um Meinungsverschiedenheiten oder Unzufriedenheiten. Diese Konflikte lassen sich schnell lösen, wenn sie sich auf einer sachlichen und objektiven Ebene bewegen. Die zweite Konfliktart ist der „Beziehungskonflikt". Dieser Konflikt ist ein immer wieder auftretender Prozess in der Gruppe. Hier geht es um zwischenmenschliche Probleme. Die Gründe für diese Konflikte gehen von einzelnen Personen aus und hängen mit dem Charakter oder dem Auftreten der Person zusammen. Auch „Wahrnehmungskonflikte" sind eine Art von Konflikten in einer Gruppe. Charakterisiert wird dieser durch unterschiedliche Ansichten zu einem Thema oder einer Situation. Der bekannteste und immer wieder auftretende Konflikt ist der „Rollenkonflikt". In einer Gruppe verschaffen sich die einzelnen Gruppenmitglieder ihre Rolle. Diese Rollen sind mit einem Erwartungsbild verbunden. Erfüllt ein bereits bestehendes Mitglied diese Erwartungen nicht oder kommt ein neues Gruppenmitglied, durch zum Beispiel einen Klassenwechsel im Hort, in eine neue Gruppe und erfüllt die Erwartung der Gruppenmitglieder durch ihre eingenommene Rolle nicht, entsteht ein Rollenkonflikt. Die letzte Art ist der „Zielkonflikt". Der Zielkonflikt entsteht häufig zwischen Erzieher/in und den Kindern oder zwischen Kindern mit einer höheren „Rangfolge" den anderen Kindern gegenüber. Dieser Konflikt baut auf verschiedene Zielhaltungen bei Aufgaben oder Themen auf. Der Rollenkonflikt und der Zielkonflikt sind oft miteinander verbunden. Denn hierbei geht es um die Ziel- und Erwartungshaltung der einzelnen Gruppenmitglieder, die beide Konfliktarten mit sich bringen.[36] In meinem letzten Praktikum konnte ich das sehr gut in einer Mädchengruppe

---

[35] Vgl. Erziehrinnen + Erzieher (2020), S. 233 – 234
[36] Vgl. HubSpot – Konfliktarten im Überblick (2020): Welche gibt es?

beobachten. Eins dieser Mädchen war neu in der Gruppe und fand schnell ihre Rolle. Dennoch verfolgte sie während einiger Regelspiele andere Ziele und schummelte sich gerne zur Siegerin. Somit kam sie im Spiel aus ihrer Außenseiter Rolle raus und schlüpfte oft in die Rolle des „Chefs". Somit lag des Öfteren gleichzeitig ein Rollen- und Zielkonflikt vor.

## 4.3 Konfliktverlauf nach dem Modell von Friedrich Glasl

Jede Gruppe durchläuft, bei ihren Konflikten, verschiedene Phasen. Um diese zu verdeutlichen habe ich mir das Modell der Konflikteskalation nach Friedrich Glasl gewählt und werde diese Stufen mit einem praktischen Beispiel aus dem Alltag meiner Praktikumszeit im Hort festigen. Friedrich Glasl ist ein österreichischer Ökonom und Konfliktforscher. Das Modell erschien erstmals 1980 und dient bis heute dazu, Konflikte zwischen einzelnen Personen einer Gruppe oder der gesamten Gruppe zu analysieren. [37]

Die 9 Stufen der Konflikteskalation sind in drei Ebenen unterteilt. Die erste Ebene nennt sich „Win – Win". Zu dieser Ebene zählt die erste Stufe. Diese nennt sich „Verhärtung." In dieser Stufe geht es oftmals um unterschiedliche Standpunkte wie zum Beispiel Meinungsverschiedenheiten oder unterschiedliche Erwartungen. Die zweite Stufe nennt sich „Debatte." Hier sind Diskussionen häufig der Fall und die Konfliktpartner versuchen andere Gruppenmitglieder von ihrer Meinung zu überzeugen. Die dritte Stufe nennt sich „Taten statt Worte." Die Beteiligten des Konfliktes hören auf zu diskutieren. Sie setzen dem gegenüber klaren Fakten und setzen diese in alltäglichen Situationen in die Tat um. In dieser Stufe misstrauen sich die Gruppenmitglieder. Finden die Konfliktpartner hier keine gemeinsame Lösung, so landen sie in der zweiten Ebene. [38]

Diese nennt sich „Win – Lose" Ebene. In dieser Ebene gibt es einen Gewinner und einen Verlierer. Sie beginnt mit Stufe vier und nennt sich „Sorge um Image und Koalition". Dabei rückt das Konfliktthema in den Hintergrund. Es werden Bündnisse mit Gruppenmitgliedern geschlossen und auch Unbeteiligte werden in den Konflikt hineingezogen. Es werden gezielt Unwahrheiten erzählt, um den anderen schlecht dastehen zu lassen. Auf Stufe fünf, die sich „Gesichtsverlust" nennt, wird es zwischen den Konfliktteilnehmern persönlich. Die Gegner schaden sich gegenseitig, indem Werte und Normen des Gegenübers mit dem eigentlichen Konflikt in Berührung gebracht werden. Von dieser Stufe aus geht es direkt in die Nächste. Diese nennt sich „Drohstrategie". Beide Seiten schüchtern sich gegenseitig ein mit Drohungen. Hier spricht man von einem „Musterspiel" und es geht hauptsächlich um die Macht. Wenn die Drohungen später in die Tat umgesetzt werden, befinden wir uns in der dritten Ebene der

---

[37] Vgl. Simone Pfeffer (2019), S. 43
[38] Vgl. Simone Pfeffer (2019), S. 44, Erzieherinnen + Erzieher (2020), S. 234, Projekt leicht gemacht: Konflikteskalation nach Glasl: Die 9 Eskalationsstufen an praktischen Beispielen erklärt

Konflikteskalation. [39] Die letzte Ebene nennt sich „Lose – Lose". In der dritten Ebene befinden sich die drei letzten Stufen. In dieser Stufe gibt es nur noch Verlierer. Die siebente Stufe nennt sich „Begrenzte Vernichtungsschläge". Gezielte Gewaltaktionen, auch nonverbal, die nichts mit der Ausgangslage des Konfliktes zu tun haben, werden angewandt. Von da an geht es noch unangenehmer weiter. Die achte Stufe nennt sich „Zersplitterung". In dieser Stufe werden alle mit hereingezogen und die Konfliktpartner greifen auch die Menschen an, die zum Gegner gehören. Die Gegner versuchen mit Drohungen und Lügen das Bündnis/Netzwerk des Feindes zu zerstören. In der letzten Stufe des Modells, die sich nennt „Gemeinsam in den Abgrund" werden keine Verluste einberechnet. Ohne Rücksicht auf den Gegner oder auf sich selbst wird für die Schädigung des Gegners gesorgt. [40]

Auch in diesem Fall kann die pädagogische Fachkraft mithilfe von anderen Fachkräften und Instrumenten für die Deeskalation, während der Konfliktstufen, sorgen. Auf Stufe eins bis drei ist es dennoch möglich, dass die Beteiligten sich selbst helfen können. Das bedeutet für die pädagogische Fachkraft, dass sie den Kindern Raum geben und lassen soll, um selbst eine Lösungsstrategie zu finden. Ist dies nicht mehr möglich, greift auf Stufe zwei bis drei die Hilfe aus der direkten Umgebung. Hier muss die pädagogische Fachkraft dafür sorgen, dass die Kinder mit deren Unterstützung die Möglichkeiten und Methoden bekommen den Konflikt zu lösen. Zum Beispiel mit dem Erlernen der Methode des aktiven Zuhörens. Durch die offene und respektvolle Art dem Konfliktpartner gegenüber fühlt er sich verstanden. Auf Stufe drei bis fünf ist auch die professionelle Prozessbegleitung eine Möglichkeit. Genauso wie auf Stufe vier bis sechs die „sozial – therapeutische" - Begleitung eine Möglichkeit ist. Dies fällt aber nicht in den Aufgabenbereich eines Erziehers oder einer Erzieherin. Von Stufe drei bis sechs ist aber auch die Mediation durch die pädagogische Fachkraft eine Alternative zur Deeskalation des Konfliktes. Diesbezüglich steht die pädagogische Fachkraft im Vordergrund und analysiert und beobachtet den Konflikt. Dabei sucht sie sich eine ruhige Ecke mit den Kindern, um eine Lösung für den Streit zu finden. Dabei lässt sie die Kinder nach und nach erzählen. Wichtig ist vor allem die Regel, dass jeder aussprechen kann und keiner den anderen ins Wort fällt. Danach sollen die Streitpunkte von den Kindern benannt werden. Der/die Erzieher/in wiederholt die Streitpunkte. Danach werden gemeinsam die Hintergründe des Konfliktes erarbeitet. Der/die Erzieher/in ist dafür zuständig, die Bedürfnisse der einzelnen Kinder während der Mediation zu berücksichtigen und seine Aussagen zu akzeptieren. Das gibt den Kindern ein Gefühl von Verständnis und nicht alleinige Schuld an einem entstandenen Konflikt. Daraus folgt dann das Brainstorming für die Vorschläge, um den Streit schlussendlich

---

[39] Vgl. Simone Pfeffer (2019), S. 44, Erzieherinnen + Erzieher (2020), S. 234, Projekt leicht gemacht: Konflikteskalation nach Glasl: Die 9 Eskalationsstufen an praktischen Beispielen erklärt
[40] Vgl. Simone Pfeffer (2019), S. 44, Erzieherinnen + Erzieher (2020), S. 234, Projekt leicht gemacht: Konflikteskalation nach Glasl: Die 9 Eskalationsstufen an praktischen Beispielen erklärt

zu lösen. Diese Lösung sollte von allen Beteiligten Kindern akzeptiert werden. Als Letztes wird die Lösung von den Konfliktpartnern ausgeführt.[41]

Im Anhang finden Sie eine Illustration zum Modell.

## 4.4 Konfliktlösefähigkeit mit der Unterstützung der pädagogischen Fachkraft fördern

Nach der fundierten Anreicherung von Wissen über Konfliktarten in einer Gruppe, Konfliktentstehung und dem Konfliktverlauf mit gezielter Deeskalation in den verschiedenen Stufen komme ich nun zur praktischen Anregung, die Konfliktlösefähigkeit der gesamten Gruppe zu fördern. Eine wichtige Rolle wird dabei immer sein, dass Erzieher/innen eine Vorbildfunktion besitzen und die Kinder sich an ihnen orientieren. Die meisten Erzieher/innen haben für sich selbst eine Option gefunden, Konflikte zu lösen.[42] In diesem Kapitel möchte ich angehenden Erzieher/innen und ausgelernten pädagogischen Fachkräften ein Beispiel für die Förderung der Konfliktlösefähigkeit mit der Gruppe und ihnen selbst aufzeigen und somit auch die Fähigkeit der Deeskalation eines Streites fördern. Dafür erkläre ich praktische Anregungen genauer und setze dies dann in ein Projekt um. Das Projekt wird für die Primarstufe geplant. Dabei nehme ich als Beispiel den Schulhort Naunhof, da ich in diesem Hort mein letztes Praktikum in einer ersten Klasse absolvierte. Das Projekt finden sie im Anhang wieder.

Um die Konfliktlösefähigkeit der Kinder zu fördern, gehören praktische Umsetzungen dazu wie zum Beispiel: Ich – Botschaften üben, Streitregeln mit den Kindern erfassen, eigene Gefühle und die des anderen wahrnehmen, das Selbstbewusst sein der Kinder fördern sowie das Erlernen von Grenzen wahrnehmen und erkenne.[43] Bei der ersten praktischen Umsetzung geht darum „Ich – Botschaften" zu üben. Die Kinder lernen dabei genau zu sagen, was sie stört, was genau während des Konfliktes geschehen ist und welche Bedürfnisse sie haben. Wenn die Kinder lernen Ich – Botschaften zu formulieren wirkt dies deeskalierend, weil Du – Botschaften mitteilen, was die anderen wollen und nicht das, was die Konfliktpartner für Bedürfnisse haben. Eine weitere Möglichkeit wäre es, mit den Kindern „Streitregeln" zu verfassen. Dies hat den Vorteil, dass sich alle Gruppenmitglieder und auch die Gruppenleitung daranhalten müssen und somit ein Gefühl von Gleichberechtigung eintritt. Damit kann in der Gruppe gut gestritten werden. Dabei kann jeder seine Gefühle ausdrücken, sagen was einen stört und was man sich erwünscht.[44]

Der dritte Punkt wäre „die Gefühle von sich selbst und die der anderen verstehen". Das ist für das gesamte Gruppenklima sehr wichtig. So können zwar Konflikte entstehen und stattfinden,

---

[41] Vgl. Simone Pfeffer (2019), S. 44, Erzieherinnen + Erzieher (2020), S. 234, Projekt leicht gemacht: Konflikteskalation nach Glasl: Die 9 Eskalationsstufen an praktischen Beispielen erklärt
[42] Vgl. Kita Recht (2012): Eine positive Konfliktkultur entwickeln – am Beispiel Palverzelt
[43] Vgl. Simone Pfeffer (2019), S. 45
[44] Ebd., S. 46

dennoch verstehen die Gruppenmitglieder untereinander was der Gegenüber während des Konfliktes fühlt. Es gibt den Gruppenmitgliedern außerdem die Chance, Konflikte zu vermeiden, wenn sie wissen, wie andere sich während der Konflikte fühlen. Ein weiterer Punkt ist das „Selbstbewusstsein" der Kinder zu stärken. Haben die Kinder ein gesundes Selbstbewusstsein, so vermitteln sie dies auch den anderen Gruppenmitgliedern. Weist das Kind dieses gesunde Selbstbild von sich selbst vor, kann dies auch sehr hilfreich in Konfliktsituationen sein. Denn somit sieht sich das Kind als Person kritischer und schätzt sein Verhalten besser ein. Somit kann der Eigenanteil des Konfliktes besser reflektiert werden und die Kinder wissen ihr Verhalten in einem neuen Konflikt besser zu regulieren. Beispielsweise wusste ein Mädchen aus meinem letzten Praktikum, genau wie sie sich einschätzen konnte. Nach einem Konflikt brach sie oft in Tränen aus, weil sie genau wusste, was ihr Fehler war bzw. diesen gut abschätzen konnte. Sie entschuldigte sich meist sofort für ihr Verhalten und brachte Lösungsvorschläge für die Klärung des Konfliktes ein. Eine andere Möglichkeit wäre noch, dass die „Kinder lernen Grenzen wahrzunehmen, zu kennen und darauf zu reagieren." Dieser Punkt ist für die Streitkultur der Gruppe enorm wichtig. Lernen die Kinder also die einzelnen Punkte für den Alltag in der Gruppe anzuwenden, lernen die Kinder sich gegenseitig zu akzeptieren und lernen ebenfalls, dass jedes Kind unterschiedliche Kompetenzen im Alltag aufweisen kann.

## 5. Gruppenstrukturen

### 5.1 Normen, Werte und Regeln in einer Gruppe

Die Gruppenstruktur bietet den Gruppenmitgliedern Sicherheit und Orientierung. Außerdem sorgt sie für das „Wir – Gefühl" innerhalb der Gruppe.[45]Zwischen „in einer Gruppe sein" und „eine gemeinsame Gruppe sein" liegen jedoch oft Welten. Um eine gemeinsame Gruppe zu sein, bedarf es einer guten Gruppenstruktur. So ist eine Klassengemeinschaft, die sich im Hort neu als Klasse wiederfindet, ein Zusammentreffen von vielen Charakteren, welche sich durch den Besuch des gleichen Schultyps und des gleichen Jahrganges in einer Hortgruppe wiederfinden. Um in diesem Fall die Gruppenstruktur kompetent und durchgehend - wachsend als pädagogische Fachkraft zu unterstützen, benötigt es Normen, Werte und Regeln in einer Gruppe.[46]

Werte und Normen liegen dabei oft nah beieinander. Jede Gruppe hat ihre eigenen Wertevorstellungen und geben ihnen ein klares Bild, welche Zielvorstellungen es für bestimmte Verhaltensweisen gibt. Aus diesen Vorstellungen entwickeln sich die Normen einer Gruppe. Werte sind bewusst und Normen wirken oft eher unbewusst. Werte dienen in einer Gruppe dazu, das Zusammenleben unkomplizierter zu gestalten und die Gruppe während des

---

[45] Vgl. Gruppenpädagogik. Eine Zusammenfassung (2026), S. 6
[46] Vgl. Stefan Schulze, Birthe Hesebeck, Georg Lilitakis (2007), S. 30

Erhaltes zum gemeinsamen Ziel zu bringen. Durch die unterschiedlichen Werte, die eine Gruppe für sich wählt, grenzt sie sich automatisch von anderen Gruppen ab. In einer Gruppe wird unterschieden zwischen inneren und äußeren Werten. Diese werden durch materielle Möglichkeiten, Mächte und Interessen der Gruppe vereinbart. In der Gruppe, in der ich mein Praktikum absolvierte, sah ich deutlich, dass die inneren Werte, zum Beispiel Hilfsbereitschaft, Freundlichkeit und Intelligenz und die äußeren Werte das Aussehen und Auftreten der Gruppenmitglieder waren. Aus diesen beiden Formen entwickeln sich die Normen einer Gruppe.[47] Normen dienen in einer Gruppe als Verhaltensregeln und drücken aus, welche Handlungen erlaubt oder verboten sind. Normen können sich während der Entwicklung der Gruppe sowie mit den Bedürfnissen der Gruppenmitglieder verändern. Dennoch sind Normen nicht immer deutlich ausgedrückt. Dabei spricht man von Normen, die im Unterbewusstsein der Gruppe liegen, wie z.B.: die anderen Gruppenmitglieder ausreden lassen. Diese Normen sind jedoch für Personen, die sich außerhalb der Gruppe bewegen, unerkennbar.[48] Normen haben für die Mitglieder einer Gruppe eine wichtige Funktion. Denn sie verbessern die Kommunikation, steigern das angemessene Verhalten der Gruppenmitglieder und geben Orientierung. Auf dies wurde ich auch während meines Praktikums aufmerksam. Obwohl meine Gruppe, in der ich mein Praktikum absolvierte, erst zwei Monate bestand. Merkte ich schnell, dass die Kinder untereinander meist ein ausgeglichenes Verhalten hatten und sie sich an die Normen der Gruppe hielten. Dies führte dazu, dass man davon sprechen konnte, dass die Gruppe in naher Zeit ein „Wir – Gefühl" entwickeln wird.

Im Rahmen der Wertevermittlung innerhalb der Gruppe spielt das vorbildliche Verhalten eine Rolle sowie die Erzieher – Kind Beziehung. Kinder lernen häufig am Modell, sie nehmen sich Wertvorstellungen an, die sie in ihrem direkten Umfeld sehen und wahrnehmen. Die Aufgabe der pädagogischen Fachkraft ist es, sich entsprechend ihrer eigenen Wertevorstellung zu verhalten. Zuverlässig, ehrlich und hilfsbereit zu handeln. Die pädagogischen Fachkräfte geben durch ihre einnehmende Vorbildfunktion diese Werte an die Kinder weiter. Außerdem wichtig ist die Gestaltung der Erzieher – Kind Beziehung. Denn umso ehrlicher und offener diese ist, umso eher nehmen sich die Kinder das an, was vermittelt werden soll.[49]Wenn jemand gegen die Normen in einer Gruppe verstößt, reagieren die Gruppenmitglieder meist mit einer Bestrafung. Sie lachen das Kind aus, schließen es aus und üben Kritik aus. Auch in diesem Fall sollte die pädagogische Fachkraft Raum geben, für das Üben von konstruktiver Kritik und

---

[47] Vgl. Prezi PowerPoint - Werte und Normen einer Gruppe (2013)
[48] Vgl. Gruppenpädagogik. Eine Zusammenfassung (2006), S. 5
[49]Vgl. Niedersächsisches Institut für frühkindliche Bildung und Entwicklung (2018): Welche Werte möchten wir vermitteln?

sollte das Niedermachen einer Person verhindern, durch den Verweis auf die gemeinsamen Gruppenregeln und die Unterstützung untereinander.[50]

Eine „gute" Gruppe entwickelt sich nicht von selbst. Wobei ich nie das „gute" genau definieren würde, da jede Gruppe auf ihre eigene Art und Weise einzigartig ist. Dennoch bewirken auch Gruppenregeln eine „gemeinsame Gruppe" zu sein. Gruppenregeln unterstützen die Gruppenmitglieder ihre Ängste und Wünsche zu äußern sowie Erwartungen und Vorstellungen. Eine Gruppe brauch Regeln, ohne diese funktioniert eine Gruppe nicht. Gibt es keine klar formulierten Regeln, werden die Gruppenmitglieder versuchen ihre eigenen Wünsche und Bedürfnisse durchzusetzen und ihr ganz eigenes Regelwerk aufstellen, was wiederum zu ständigen Konflikten und Frust unter den Gruppenmitgliedern führen kann. Die Aufgabe der pädagogischen Fachkraft ist es dabei alle Kinder partizipativ mit einzubeziehen. Dadurch entwickelt sich in der Gruppe ein Gefühl von Gleichberechtigung, weil alle die Möglichkeit bekommen ein Teil der Gruppe und deren Gruppenregeln zu sein. Wichtig ist auch Gruppenmitglieder, die zurückhaltend sind, die Chance zu geben sich zu äußern. Schließlich werden sie nahezu alltäglich mit diesen Regeln konfrontiert. Gibt der Erzieher oder die Erzieherin den Kindern diese Möglichkeit nicht, besteht das Risiko, dass sich die Kinder auf Dauer nicht in der Gruppe wohlfühlen. Genau dies würde das Gegenteil des pädagogischen Ansatzes eine „gemeinsame Gruppe" sein bewirken.[51]

Nach der Aufstellung dieser Gruppenregeln werden Erzieher/innen oft damit konfrontiert, dass einzelne Gruppenmitglieder gegen die Regeln verstoßen. Dies ist ein alltäglicher Prozess der Kinder. Sie möchten testen, wie weit sie gehen können, wie standhaft der/die Erzieher/in ist und wo sich ihre Grenzen befinden. Dabei sollte man nicht wegschauen und es ignorieren, dies wird schnell dazu führen, dass das Ansehen als Respektsperson verloren geht. Wenn Regeln missachtet werden sollten Erzieher/innen die Initiative ergreifen und dies ansprechen. Eignen würde sich hier ein Gespräch mit der ganzen Gruppe, bei welchem überlegt wird, ob die Regeln noch zur Gruppe passen oder eine Anpassung und Änderung der Regeln benötigt wird. [52] Bedeutsam für Gruppenmitglieder die dauerhaft gegen Gruppenregeln verstoßen ist, dass Erzieher/in dem Kind sachlich und auf der Ebene des Kindes sein Fehlverhalten schildern. Dabei ist grundlegend dem Kind zu schildern, welche Folge sein Fehlverhalten für ihn/sie persönlich und für andere Gruppenmitglieder haben kann. Ein letzter wichtiger Punkt ist das eigene Verhalten als Erzieher/in. Ein konsequentes Handeln, die Aussprache, dass einem das Fehlverhalten des Kindes aufgefallen ist sowie nach mehreren Verwarnungen das

---

[50] Vgl. Gruppenpädagogik. Eine Zusammenfassung. (2016), S. 5

[51] Vgl. Julai – App – Regeln und (Konsequenzen), Quelle der Internetseite gibt folgendes Buch an: Koslowski, S. W.; Bell, B.S (2003): Work Groups and teams organizatsion. In W. C. Bormann; D. R. Illgen; R.J. Klimoski (Hg.): Handbook of psychology: Industrial and organizatsion psychology. Volumen 12 (S. 333 – 375)

[52] Ebd.

durchsetzen, was man vorher angekündigt hat, zeigt den Kindern, dass man als Erzieher/in gewillt ist, die gemeinsamen Normen und Werte umzusetzen und die Gruppenregeln für alle Gruppenmitglieder beizubehalten. Darüber hinaus verdeutlicht man den Kindern klar seine eigenen Grenzen und signalisiert ebenso die Grenzen der anderen Gruppenmitglieder.

## 5.2 Praktische Umsetzung im Alltag der Kinder

Um die Gruppenstrukturen für die Kinder verständlicher zu machen, bietet es sich an, dieses durch Methoden in den Alltag der Kinder einzubringen. Da die Werte, Normen und Regeln die gesamte Gruppe täglich begleitet, bietet es sich an, die praktische Umsetzung mit allen Kindern durchzuführen und sie partizipativ einzubinden. Dabei ist wichtig, dass die Werte, Normen und Regeln der Gruppe von Anfang an mit allen Mitgliedern besprochen werden, um somit den Kindern ein klares Bild zu geben. Hat man dies als pädagogische Fachkraft mit der Gruppe festgelegt, geht es an die praktische Umsetzung. Die praktische Umsetzung dient zur Veranschaulichung der Normen, Werte und Regeln. Dies gibt den Kindern Orientierung und strukturiert den Gruppenalltag.

Ein Beispiel für die Umsetzung von Normen und Werten ist die „Normen – und Werteampel". Mit dieser Methode kam ich das erste Mal in meinem Praktikum im Hort in Kontakt. Dabei werden die besprochenen Normen und Werte auf ein großes Plakat aufgeschrieben und mit Symbolen gekennzeichnet. Das hilft den Kindern sich die Normen und Werte zu merken und zu verinnerlichen. In die Mitte des Plakates wird eine Ampel mit den Farben Grün, Gelb, Rot geklebt. Diese unterstützen die Orientierung der Kinder, um zu sehen, in welchen Bereich sie sich befinden. Die Farbe Grün bedeutet dabei „hervorragend", die Farbe Gelb „weniger gut" und die Farbe Rot, dass Normen und Werte „nicht eingehalten" wurden. Diese Methode hat den Vorteil, dass die Kinder lernen sich selbst einzuschätzen, wie sie sich an die Regeln halten, ihr eventuelles Fehlverhalten einstellen und sehen, in welchem Bereich sie sich dadurch befinden. Eine Methode für die Umsetzung der „Gruppenregeln", wäre die gemeinsame Gestaltung eines Plakates, welches dann Platz im Gruppenzimmer findet. Die Visualisierung der Gruppenregeln mit Symbolen wäre hierbei auf die gesamte Gruppe abzustimmen. Dabei ist es wichtig, dass die pädagogische Fachkraft darauf achtet, dass alle mit den gewählten Gruppenmitgliedern einverstanden sind. Denn schließlich haben alle Gruppenmitglieder gleiches Mitspracherecht. Die Kinder lernen dabei Mitverantwortung zu übernehmen und sich gegenseitig zu schätzen. Außerdem lernen die Kinder Ideen, Vorschläge und Lösungen für die Gestaltung des Plakates mit einzubringen.

Fazit

Die vorliegende Facharbeit beschäftigte sich mit dem Thema „Entwicklung von Gruppenprozessen im Hort. Unter der Betrachtung folgender Fragestellung: „Wie begleite ich als pädagogische Fachkraft die Entwicklung der Gruppenprozesse meiner Hortgruppe?". Anhand verschiedenster Literatur, Beispielen aus der Praxis und pädagogischen Modellen wie z.B.: nach Bernstein und Lowy sowie Friedrich Glasl wurde die Fragestellung untersucht.

Einblick in die Grundhaltung der pädagogischen Fachkraft verschaffte ich Ihnen mit den wesentlichen Grundhaltungswerten wie Akzeptanz, Empathie, Motivation, Kongruenz und Regeln und Strukturen sowie deren Inhalt und Ausführung im Alltag. Dabei kam ich zu den Ergebnissen, dass die pädagogische Fachkraft mit diesen Grundwertungshaltungen stimmig sein muss, um diese den Kindern nah zu bringen. Außerdem ist es die Grundlage für die pädagogische Fachkraft, die Gruppenprozesse kompetent und kindesnah zu gestalten.

Deutlich geworden ist, dass die Themen Gruppenformen, Gruppenmitglieder, Phasen der Gruppenentwicklung und Gruppendynamik wesentliche Themen sind, die zu den Gruppenprozessen beitragen. Die Mitwirkung der pädagogischen Fachkraft spielt dabei eine große Rolle und fördert beispielsweise durch die Unterstützung in den Gruppenformen die soziale Identität und Autorität, diese notwendig ist, um in Gruppen zu interagieren. Des Weiteren wurde in den letzten 3 Punkten klar, dass jede Gruppe individuell zu betrachten ist und die Phasen sowie Rollen sich im Laufe der Zeit ändern können. Um diese Individualität umsetzen zu können, war es mir wichtig Ihnen fundiertes Wissen nah zu bringen und die Kinder durch Methoden daran zu beteiligen. Sie können beispielsweise Methoden der Interaktion, Annäherung und Kooperation zur Unterstützung der Gruppenformen und Dynamische Spiele partizipativ mit den Kindern für die Stärkung der Gruppendynamik nutzen.

In meiner Arbeit behandelte ich auch das Thema Konflikte, wie sie entstehen, welche Arten es gibt und wie sich ein Konfliktverlauf verhält. Dabei kam ich zu dem Ergebnis, dass diese ein fester Bestandteil der Gruppenprozesse sind, um Konflikte einordnen und begleiten zu können brauch es seitens der Fachkraft Wissen und Methoden. Wenn diese regelmäßig und altersgerecht dargestellt werden entwickelt die Gruppe eine gesunde Konfliktkultur. Dabei kam ich zu der Erkenntnis, dass die Förderung der Konfliktlösefähigkeit durch verschiedene Methoden wie z.B.: Streitregeln oder Ich – Botschaften senden zu einer gesunden Konfliktkultur beitragen, welche den Gruppenprozess stärkt und dabei durch die Förderung der Konfliktlösefähigkeit positiv wirken, weil sie sich nicht zu lange an Konflikten aufhalten und als Gruppe wachsen.

Mitwirkend spielte auch das Thema Gruppenstrukturen eine Rolle, welche aus Normen, Werte und Regeln gebildet werden und den Gruppenmitgliedern Orientierung und Sicherheit bieten. Dabei kam ich zu dem Resultat, dass es Normen, Werte und Regeln benötigt, um eine Gruppe an der Entwicklung der Gruppenstrukturen teilhaben zu lassen. Dabei spielt das Vorbildverhalten des Erziehers/ der Erzieherin eine große Rolle, da die Kinder am Modell lernen. Hierbei ist ein konsequentes Verhalten der pädagogischen Fachkraft notwendig, damit die Kinder die Wichtigkeit dieser Regeln verstehen, welche sie dabei unterstützen Wünsche und Ängste zu äußern.

In meiner Arbeit nutze ich die pädagogischen Modelle nach Bernstein und Lowy sowie von Friedrich Glasl. Dabei erkannte ich, dass diese auf alle Gruppen sinnvoll anwendbar sind.

Weiterführend könnte man die Gruppenprozesse einer Gruppe beobachten und dokumentieren und diese mit dem jetzigen Ergebnis verbinden und ausbauen.

Schlussendlich lässt ich sagen, dass alle bearbeiteten Punkte zu der Entwicklung der Gruppenprozesse beitragen, miteinander gekoppelt sind und aufeinander aufbauen. Diese mögen jedoch individuell auf Altersstufen und Gruppe angepasst werden. Die pädagogische Fachkraft sollte sich umfangreiches Wissen aneignen, um die Gruppe zu begleiten, weil sie dadurch Fehler vermeidet sowie die rückläufige Entwicklung einer Gruppe. Um die Gruppe während dieser Entwicklung zu unterstützen, sind Methoden die partizipativ wirken ein fester Bestandteil die zur Entwicklung der Gruppenprozesse beitragen. Abschießend sollte man wissen, dass es eine enge Zusammenarbeit zwischen der pädagogischen Fachkraft und der Gruppe bedarf.

Literaturverzeichnis

| Buchquellen |

Freigang, Werner. / Bräutigam, Barbara. / Müller, Matthias.: Gruppenpädagogik. Eine Einführung. Weinheim Basel, 2018

Schulz, Stephan. / Heselbeck, Birthe. / Lilitakis, Georg.: Praxishandbuch für soziales Lernen in Gruppen. Erlebnisiorientiertes Arbeiten mit Kindern, Jugendlichen und Erwachsenen. Achen, 2007

Rohn, Samuel.: Der Leiter und die Gruppe – die Entwicklung der Gruppenphasen. München. 2012

Pfeffer, Simone.: Sozial – emotionale Entwicklung fördern. Wie Kinder in der Gemeinschaft stark werden. Freiburg in Breisgau. 2. Auflage, 2017

Freudig, Anne.: Gruppenpädagogik. Eine Zusammenfassung. München, 2016

Grybeck, Caroline. / Kromat, Ariane. / Schubert, Claudia.: Erzieherinnen + Erzieher. Kompaktwissen und Prüfungsvorbereitung. Berlin. 3. Auflage, 2020

König, Olivier. / Schattenhofer Karl.: Einführung in die Gruppendynamik. Heidelberg. 7. Auflage, 2015

Dießner Helmar.: Gruppendynamische Übungen und Spiele. Ein Praxishandbuch. Für Aus – und Weiterbildungen sowie Supervision. Paderborn. 6. Auflage, 2009

| Internetquellen |

Wissen ist Macht TV (2014): Tagesinspiration Nr.108: Prof. Dr. Erwin Ringel – In einer echten Gemeinschaft wird aus… URL: https://wissen-ist-macht.tv/tagesinspiration-nr-108-prof-dr-erwin-ringel-einer-echten-gemeinschaft-wird-aus/ [ Zugriff am 07.09.2021 um 10.43 Uhr]

Mittelhof (2015): Lebendige Gruppenarbeit durch kreative Methoden. URL: https://www.mittelhof.org/static/media/filer_public/5b/ef/5bef0a48-2cd6-4a8b-afd6-19952a80624a/selbsthilfe_reader_2015.pdf [Zugriff am 09.08.2021 um 11.10 Uhr] S. 32

BBS EHS Trier (2018): Methodenpool 55 Beispielmethoden mit Kurzerläuterung für unterschiedliche Bildungs – und Erziehungsbereiche in sozialpädagogischen Einrichtungen. URL https://www.bbs-ehs-trier.de/schulformen/fs/fss/fss_Methodenpool_Sozialpaedagogik.pdf [Zugriff am 09.08.2021 um 11.40 Uhr]

KJG Kurspaket (2019/2020): Gruppendynamik. URL: https://reutlingen.bdkj.info/fileadmin/baukasten/REF_reutlingen/Bilder/2019_KuPa_Grundkurs/Handout-Gruppendynamik.pdf. [Zugriff am 10.08.2021 um 15.33 Uhr]

Super Sozi (2021): Gruppen – und Gruppenphasen. URL: https://www.super-sozi.de/category/theoretisches/gruppen-und-phasen/ [Zugriff am 10.08.2021 um 17.38 Uhr]

Kita Recht (2012): Eine positive Konfliktkultur entwickeln – am Beispiel Palverzelt. URL: https://www.palaverzelt.de/downloads/Kita_Recht_4_12_Marx_Konfliktkultur_Palaverzelt.pdf [Zugriff am 06.09.2021 um 21.33 Uhr]

Niedersächsisches Institut für frühkindliche Bildung und Entwicklung (2018): Welche Werte möchten wir vermitteln?
https://www.nifbe.de/component/themensammlung?view=item&id=794:welche-werte-moechten-wir-vermitteln&catid=70 [Zugriff am 08.09.2021 um 12.30 Uhr]

Kira de. (2021) – Pädagogische Grundhaltungen von Erzieher*Innen: Tipps und Erklärungen URL: https://www.kita.de/wissen/paedagogische-grundhaltung/ [Zugriff am 10.10.2021 um 14.05 Uhr]

HubSpot – Konfliktarten im Überblick: Welche gibt es? (2020) URL: https://blog.hubspot.de/service/konfliktarten [Zugriff am 10. 10. 2021 um 16.14 Uhr]

Prezi PowerPoint - Werte und Normen einer Gruppe URL: https://prezi.com/liowtgs2gvxc/werte-und-normen-einer-gruppe/ [Zugriff am: 02.10. 2021 um 11.30 Uhr]

YouTube Quellen

Erzieherkanal – Wissen, Theorie & Infos: Die Gruppenphasen nach Bernstein & Lowy (+ Handlungsmöglichkeiten) | ERZIEHERKANAL. In: YouTube [online]. 11.07.2021. Online unter: https://www.youtube.com/watch?v=6R_GuJDrUvE [Zugriff am 11.08.2021 um 10.04 Uhr]

Konflikteskalation nach Glasl: Die 9 Eskalationsstufen an praktischen Beispielen erklärt. In: YouTube [online]. 05.11.2020. Online unter: https://www.youtube.com/watch?v=PaDeg1Rkjmg [Zugriff am 05.09.2021 um 16.49 Uhr]

Anhang:

Anhang zum Unterpunkt 3.4 Gruppendynamik in einer Gruppe:

In diesem Unterpunk erkläre ich Ihnen zwei mögliche Gruppendynamische Spiele, um die Gruppendynamik einer Gruppe zu fördern.

Die Gruppenmitglieder werden einem Partner zugeteilt und bekommen einen Ballon, denen sie nur mit den Fingerspitzen berühren dürfen. Mit dem Partner und dem Luftballon sollen sich die Kinder durch den Raum bewegen ohne dass der Luftballon auf den Boden fällt.

- Reflexion: Anschließend sollte man mit den Kindern eine Reflexionsrunde starten. Dabei spielen die Fragen: „Hattet ihr mit dieser Übung Probleme?" oder „Bei welchem Paar fiel der Luftballon zu Boden?" eine Rolle.
- Fazit: Durch die Zuteilung der Partner, müssen die Kinder mit verschiedenen Gruppenmitgliedern interagieren. Dadurch werden Berührungsängste abgebaut und Vertrauen geschafft. Das trägt wiederum zu einer positiven Gruppenbildung bei. Außerdem kommen die Kinder aus ihrer Komfortzone heraus und treten mit unvertrauten Gruppenmitgliedern in Kontakt.

2. Spiel: Körperkontakt – Vertrauensbildung

Aus der gesamten Gruppe finden sich 8 – 12 freiwillige. Diese Kinder bilden einen großen Kreis. Die anderen Teilnehmer stellen sich nach und nach in die Mitte des Kreises und schließen die Augen. Den Teilnehmern in der Mitte, muss vorab zugesichert werden, dass ihnen nichts passiert. Die Teilnehmer in die Mitte versuchen sich nach und nach vertrauensvoll in die Arme der anderen Gruppenmitglieder fallen zu lassen.

- Reflexion: Auch nach diesem Spiel findet mit der gesamten Gruppe eine Reflexionsrunde statt. Hierbei spielen die Fragen: „Hattest du bei dieser Übung Angst?", „Hattest du Probleme den anderen zu vertrauen?" oder „Empfandest du es als angenehme oder unangenehm?" eine Rolle.
- Fazit: Anhand dieser Reflexionsfragen und der Antworten der Kinder, kann die pädagogische Fachkraft abschätzen wie das Vertrauen zwischen den Gruppenmitgliedern ist. Außerdem dient das Spiel zur Vertrauensbildung und den Kindern als Zugang zu unvertrauten Gruppenmitgliedern. [53]

---

[53] Vgl. Gruppendynamische Übungen und Spiele (2009), 2. 82 und 117

Anhang zum Unterpunkt 4.3 Konfliktverlauf nach dem Modell von Friedrich Glasl [54]

1. Ebene „Win – Win"

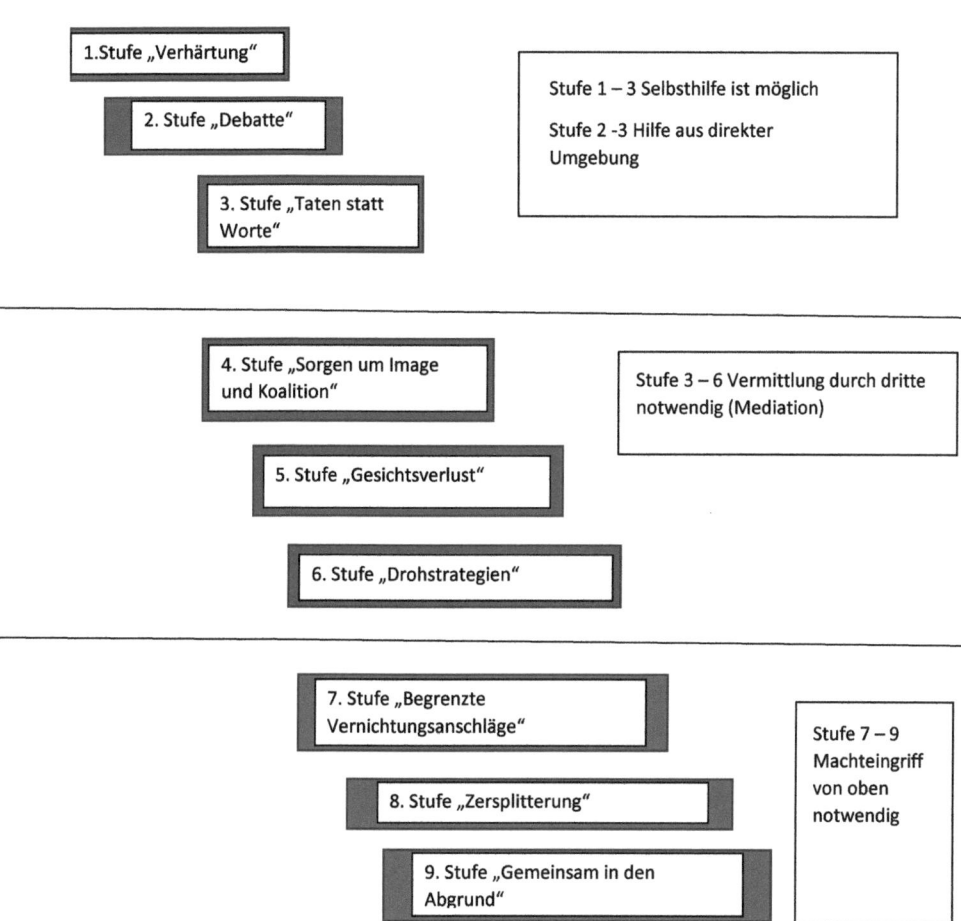

1. Stufe „Verhärtung"

2. Stufe „Debatte"

3. Stufe „Taten statt Worte"

Stufe 1 – 3 Selbsthilfe ist möglich

Stufe 2 -3 Hilfe aus direkter Umgebung

4. Stufe „Sorgen um Image und Koalition"

5. Stufe „Gesichtsverlust"

6. Stufe „Drohstrategien"

Stufe 3 – 6 Vermittlung durch dritte notwendig (Mediation)

7. Stufe „Begrenzte Vernichtungsanschläge"

8. Stufe „Zersplitterung"

9. Stufe „Gemeinsam in den Abgrund"

Stufe 7 – 9 Machteingriff von oben notwendig

[54] Vgl. Erziehrinnen + Erzieher (2020), S. 234

Anhang zum Unterpunkt 4.4 Konfliktlösefähigkeit mit Unterstützung der pädagogischen Fachkraft fördern

Im Rahmen meiner Facharbeit zum Unterpunkt 4.4 Konfliktlösefähigkeit mit der Unterstützung der pädagogischen Fachkraft fördern plane ich für den praktischen Anteil ein Projekt. Das Projekt orientiert sich am Schulhort Naunhof und an den Kindern der ersten Klasse aus meinem Praktikum. Das Planungsraster entspricht dem von Frau Lorenz und von Frau Heinrich.

## 1. Konzeptionelle Bedingungen:

Die Erzieher/innen legen Wert darauf, denn Hortkindern im Alltag einen Lebensraum zu schaffen, in dem sie sich wohl und geborgen fühlen. Sie dienen als Begleiter, wenn die Kinder ihre Lebenswelt erkundigen. Ein wichtiges Augenmerkmal dabei, liegt darauf, dass die Kinder nicht nur als "Schulkinder" angesehen werden und Schule den größten Teil in ihrem Alltag einnehmen, sondern dass die Kinder auch Raum haben, weiterhin während ihres Hortalltags zu spielen. Das Erzieherteam sieht sich als Gestalter, Vorbild, Begleiter, Helfer, Ansprechpartner, Aufsichtsperson, Tröster und Mensch mit Herz und Verstand. Auftrag des Erzieherteams ist, die Betreuung und Erziehung bis zur Vollendung der 4. Klasse. Die pädagogische Arbeit orientiert sich konsequent am sächsischen Bildungsplan und den sechs Bildungsbereichen. "Lustig, traurig, trotzig, froh.... ich fühle mich mal so, mal so." Dieses Bild vom Kind wird in der Einrichtung angenommen und auch die facettenreiche Entwicklung jedes Kindes. Die Erzieher beobachten nach Matthes und Schulz 2011. Sie sehen die Grundlage als Einblick in die Lernprozesse der Kinder und bei der Auswahl von Angeboten und Projekten. Jede Form von einer Beschwerde, wird in der Einrichtung angesehen, wobei die erste Anlaufstelle immer die Gruppenerzieher/in. Des Weiteren gibt es ein Kinderparlament in der Einrichtung. Gemeinsam findet jeden Monat einmal ein Treffen des Kinderparlamentes statt. Dabei werden Ängste oder Probleme angesprochen. Gemeinsam wird über das Verhalten von allen beteiligten nachgedacht und gemeinsam wird auch ein Lösungsweg gefunden. Elternbriefe, Aushänge oder der Elternstammtisch. Kooperationspartner des Schulhort Naunhofs sind einmal die naheliegende Grundschule, die Kindergärten, mit dem Projekt "Schuleintritt, um den Kindern ihren neuen Lebensabschnitt zu erleichtern. Formen der Öffentlichkeitsarbeit sind Tag der "offenen Tür", Elternrat, Besuch vom Seniorenstift und die Internetseite der Einrichtung.

## 2. Strukturelle Bedingungen:

In der Zeit von 6.00. - 7.30 Uhr haben die Kinder Möglichkeit den Frühhort zu besuchen. Nach dem Schulschluss finden sich die Kinder selbstständig in ihren Gruppenzimmern ein. Nach einem Mittagsplan nehmen die Kinder je nach Unterrichtsschluss ihr Mittagessen ein. Von

13.45 Uhr 14.30 Uhr ist Lernzeit. Im Anschluss wird die Zeit bis 16.00 Uhr in der Gruppe genutzt. In dieser Zeit können die Kinder im Gruppenzimmer ihr Vesper einnehmen. Ab 16.00 Uhr werden alle Kinder dem Spätdienst übergeben. Um 17.00 Uhr schließt der Hort.

### 3. Gruppenanalyse:

Die Gruppe 11 besucht die 1. Klasse der Grundschule in Naunhof und besteht aus 12 Jungen und 12 Mädchen. Die Gruppe 11 besteht seit August 2020. Alle Mädchen und Jungen der Gruppe 11 kommen aus den nahen liegenden Kindergärten der Umgebung. Die Gruppe befindet sich momentan in der Machtkampfphase. Die Kinder verteilen sich gerade untereinander, wer welche Rolle in der späteren Gruppe einnimmt. Fast so gut wie jedes Kind versucht durch alle Mittel Einfluss auf das Gruppengeschehen einzunehmen. Die Kinder vertreten oft ihre eigene Meinung und versuchen dieser Meinung bis zum Ende standzuhalten. Man merkt oft den Rivalen Kampf untereinander, bei dem jeder versucht, um eine gute Position zu kämpfen und um eine gute Rolle innerhalb der Gruppe. Gerade in dieser Phase ist es oft unsere Arbeit, darauf zu achten, dass ein fairer Umgang innerhalb der Gruppe herrscht. Es gibt vor allem Rivalenkämpfe zwischen gleichgeschlechtlichen Kindern. Dies kann man gut in der Freispielzeit zwischen den Jungs beobachten. Es geht oft darum, wer hat das beste Bauwerk, wer ist am schnellsten fertig und wer baut am höchsten. Häufig enden die Kämpfe in lauten Wortgefechten. Hier schreiten wir ein und erinnern die Kinder an das Einhalten unserer Gruppenregeln. Auch bei den Mädels ist das deutlich zu erkennen. Dies sieht man oft durch zum Beispiel Rollenspiele und Regelspiele. Bei den Rollenspielen geht es den einzelnen Mädchen oft darum, die Hauptrolle einzunehmen und nicht eine Nebenrolle zubekommen. Die Verteilung der Rollen endet leider öfter in tränenreichen Szenarios oder in Ausschließungen von Spielpartner. Besonders gut kann man den Rollenkampf der Mädchen bei Regelspielen erkennen. Trotz all der Machtkämpfe zeigt die Gruppe auch immer wieder zusammen halt untereinander, hilft anderen bei Problemen und sind füreinander da, wenn es ihnen schlecht geht. Gut kann man auch beobachten, dass immer mehr Kinder ihre eigene Meinung vertreten und sich bei Problemen oder Diskussionen für sich selbst oder andere Kinder einsetzen.

### 4. Thema des Projektes

„Nein, stopp ich will das nicht"

### 5. Entscheidung

Ein schwieriges Thema und dennoch wichtiges steht uns bevor. Das Projekt zum Thema Förderung der Konfliktlösefähigkeit dauert ca. 2 Wochen. Das Projekt passt sehr gut in die bestehende Gruppensituation und die Kinder freuen sich. An unser Fragerunde zum Thema Konflikte waren die Kinder sehr interessiert und stellten viele Fragen. Für mich steht an erster

Stelle, den Kindern spielerisch nah zu bringen Konflikte zu lösen. Denn die Kinder der ersten Klasse spielen lediglich alle Arten von Spielen. Mir ist außerdem während meiner Beobachtungen aufgefallen, dass die Kinder immer wieder in ihren Eigengruppen versuchen Konflikte zu klären. Daraus kann ich schließen, dass die Kinder Absätze zu Konfliktlösefähigkeit besitzen. Mit diesem Projekt möchte ich den sozial – emotionalen Bildungsbereich fördern.

### 6. Partizipation der Teilnehmer

Zu Beginn habe ich mich mit den Kindern in einen großen Stuhlkreis gebildet. Danach habe ich die Kinder gefragt, was sie gerne während der Weihnachtszeit mit Ihrer Familie machen oder allein. Die Kinder waren sofort begeistert und hatten viele Ideen. Für mich war wichtig, dass jedes Kind zu Wort kommt und ich mir alle Ideen dokumentieren kann. Hierfür habe ich unseren Redeball benutzt und er ist einmal die ganze Runde herumgegangen. Mit der Hilfe dieser Interessen habe ich den Kindern Angebote vorgeschlagen und wir haben demokratisch mit Handzeichen abgestimmt. Mit der Hilfe aller beobachteten Interessen, Beobachtungen der Kinder und unseren gesammelten Überlegungen, habe ich folgendes Grobziel formuliert.

### 7. Formulierung eines Grobzieles

Die Kinder kennen verschiedene Methoden ein Konflikt zu lösen. (Lern – und Methodenkompetenz)

### 8. Beschreibung von 5 Aktivitäten

Allgemein gilt für alle Aktivitäten:

24 Kinder im Alter von 6 – 7 Jahren

Aktivitäten finden im Gruppenraum statt

die Aktivitäten finden immer zwischen 12.30 Uhr und 13.15 Uhr statt

<u>1.     Aktivität – Du, du oder doch lieber ich!</u>

1. FZ: Die Kinder wissen was eine Ich – Botschaft ist. (Lernkompetenz)

2. FZ: Die Kinder üben sich mit einem Partner an den Formulierungen von Ich – Botschaften. (Lern – und Sozialkompetenz)

Durchführung: Ich erkläre den Kindern, dass man bei einer Ich – Botschaft immer als Erstes die Situation beobachten z.B.: Niemand hat die Bauecke aufgeräumt. Ich sage den Kindern, dass sich dazu immer ein Gefühl äußert, z.B.: Ich bin traurig. Des Weiteren gibt es zu einem Gefühl immer ein Bedürfnis. In diesem Fall z.B.: Ich finde es schöner, wenn die Bauecke aufgeräumt ist. Ich erkläre den Kindern, dass aus all diesen Punkten eine Ich – Botschaft entsteht. Die da wäre: „Kannst du bitte die Bauecke aufräumen. Ich fühle mich nicht wohl, wenn es so unordentlich ist." Nun binde ich die Kinder partizipativ mit ein und vertiefe diese Methode, in dem wir Beispiele zusammen ausprobieren und sie anschließend sich einen Partner suchen und weiter üben.

<u>2. Aktivität- Streitregeln der Gruppe</u>

1. FZ: Die Kinder überlegen sich gemeinsam Streitregeln (Sozialkompetenz)

2. FZ: Die Kinder können die Streitregeln anwenden. (Lernkompetenz)

Durchführung: Gemeinsam mit den Kindern setzen wir uns in einen Sitzkreis und sammeln gemeinsame Streitregeln. Diese schreibe ich mir auf. Die Kinder sammeln Streitregeln wie z.B.: keine Gewalt, Gefühle zeigen, nicht schreien und fair bleiben. Danach besprechen wir noch die kindliche Auffassung der Phasen des Streites (Streit – Wut – nachdenken – erster Schritt- versöhnen). Anschließend gestalten wir mit den gesammelten Informationen ein Plakat, welches ein Platz im Gruppenzimmer findet.


<u>3.      Aktivität – „Hey wie geht es dir heute?"</u>

1.     FZ: Die Kinder lernen verschiedene Gefühle kennen. (Lernkompetenz)

2.     FZ: Die Kinder lernen die Gefühle des Gegenübers einzuschätzen. (Sozialkompetenz)

Durchführung: Dazu setzen wir uns in einen Kreis und ich lege in die Mitte des Kreises Kreis Smileys mit verschiedenen Emotionen. Ich sage den Kindern, dass sie sich untereinander über die verschiedenen Emotionen austauschen sollen und wir im Anschluss darüber reden. Anschließend veranstalte ich mit den Kindern ein Puppentheater, wo jedes Mitglied eine Emotion oder ein Gefühl vorstellen muss und die anderen es erraten sollen. So lernen die Kinder, die Gefühle des Gegenübers kennen.

<u>4.      Aktivität – das selbstbewusste ich</u>

1.     FZ: Die Kinder können Stärken des anderen benennen. (Lernkompetenz)

2.     FZ: Die Kinder bauen ihr Selbstbewusstsein weiter auf (Sozialkompetenz)

Durchführung: Dafür sucht sich jedes Kind einen Partner. Die beiden nehmen sich Stift und Papier und suchen sich eine ruhige Ecke im Gruppenraum. Nun ist es die Aufgabe der Kinder, vom Partner die Stärken sowie was, das Kind gut findet am Partner aufzuschreiben oder zu malen. Danach tauschen sich die Kinder aus. Bei jedem einzelnen wird dadurch das Selbstbewusstsein gestärkt. Dies ist sehr wichtig in Streitsituationen, denn so können die Kinder sich besser selbst reflektieren und ihren Standpunkt vertreten.

5. <u>Aktivität – Stopp, hier ist meine Grenze!</u>

1. FZ: Die Kinder kenne die Situationen wo ihre Grenzen überschritten wurden (Fachkompetenz)

2. FZ: Die Kinder beteiligen sich aktiv am Rollenspiel (Methodenkompetenz)

Durchführung: Wir versammeln uns gemeinsam in einem Kreis und jeder darf erzählen, wie bei ihnen schon mal eine Grenze überschritten wurde. Dabei ist darauf zu achten, dass keine Diskussion in der Gruppe entfacht. Anschließend stelle ich verschiedene Situationen in Rollenspielen mit den Kindern dar, wo sie einschätzen müssen, wo die Grenze überschritten wurde und sie müssen laut und deutlich „Nein oder Stopp" sagen.

**6. Abschluss**

Zum Schluss reflektiere ich mit den Kindern in Form des Redeballs das Projekt. Außerdem können die Kinder Fragen stellen, die offen und mit der gesamten Gruppe besprochen werden.

## Thema: Entwicklung von Gruppenprozessen im Hort

### 1. These

Die Entwicklung der Gruppenprozesse wird durch die Einhaltung und Ausführung der Grundhaltungswerte seitens der Fachkraft elementar.

### 2. These

Ein gelingender Gruppenprozess braucht Individualität, fundiertes Wissen sowie partizipative Einbindung der Kinder von Erzieher*innen.

### 3. These

Gruppenprozesse sind nicht vereinzelt sichtbar, sondern werden durch viele Bereiche der Gruppenpädagogik beeinflusst.

### 4. These

Eine gesunde Konfliktkultur entsteht durch kindesnahe und altersgerecht Methoden, die den Gruppenprozess stärken.